AF208787

INDICE

I-INTRODUCCIÓN

No es imprescindible que el desarrollo de una materia en concreto esté definida y encorsetada por un título único. La definición del pensamiento en obra filosófica, científica, técnica, etc., sirve únicamente al propósito de simplificar la tarea de las personas a la hora de referirse a algo o, simplemente, a la hora de comprar un libro. Pero esto que puede ser útil para la vida diaria, corre el riesgo de erigirse como una frontera impermeable de disciplinas.

Puede existir un texto que comience siendo científico, pero que, a medida que progrese vaya contaminándose de filosófico y que a la exigencia de comprobación matemática de un hecho, para ser creíble, le suceda la tolerancia de una elucubración nacida de una suposición subconsciente no probada, por ejemplo.

La complejidad humana lo es precisamente porque las barreras creadas por un nominalismo exagerado nos obligan a disciplinarnos más allá de la naturaleza en sí. No es correcto crear las normas antes que tener el conocimiento y después querer expresar este conocimiento ciñéndonos a las normas que ignoran al propio conocimiento.

Mi propósito al escribir es inquietar al lector y sacarle de su tranquilidad aparente. Me gustaría provocarle respuestas, ya que yo solo puedo hacer preguntas. Preguntas que están ahí desde siempre y que la mayoría no quieren ver. Plantearé interrogaciones sobre las que solo puedo aportar mi impresión subconsciente. Me gustaría estimular su inquietud aunque sea molestando, porque siento la convicción de que las respuestas a las preguntas de siempre, las hemos sabido siempre.

II-EL OBSERVADOR

La observación detallada de un suceso acarrea conclusiones. Entiendo por suceso un encadenamiento de actos que mantienen una línea evolutiva de forma tal que entre el comienzo y el final del mismo se ha producido una variación apreciable, bien sea por una modificación aparente de las formas o por una repercusión en el entorno.

En todo suceso intervienen simultáneamente la totalidad de las fuerzas universales con una única diferencia: la intensidad de su implicación. En el párrafo anterior, la segunda palabra: "*observación*", implica inmediatamente la participación del ente observador. El ente observador soy yo. Es imposible pretender el análisis de un fenómeno puro ya que siempre está involucrado el observador. El observador participa activamente en la evolución del fenómeno en sí. La complejidad de los diferentes observadores, con sus peculiaridades diferenciales hace que no puedan existir dos análisis idénticos de dos fenómenos enunciados de forma idéntica. Solamente el análisis de cada uno de los observadores nos lleva a una gran complejidad: Está involucrada la psicología, que a la vez es un resbaladizo mundo comprendido e interactuado por otras disciplinas. Un mismo observador no es el mismo en diferentes momentos. Un simple cambio biológico producido por un agente externo: clima, alimentación, luz, sonido, etc., hace que la percepción del ente observador le haga ser más perceptivo en unas ocasiones por fenómenos concretos que se le pasarían inadvertidos en otros momentos. Si añadimos la memoria, de la que habría que escribir todo un libro solamente para ella por ser un elemento diferenciador del ser humano frente a los demás, es otro factor que hace variar la observación entre dos segundos colindantes.

Continuamente se están haciendo definiciones de los sucesos. La ciencia está atiborrada de definiciones sobre las que autores nuevos apoyan nuevas definiciones hasta conseguir hacer una gran torre de conocimientos sobre el entorno cósmico, con la finalidad de entender mejor el mundo en que nos movemos y poder así contestar a las clásicas preguntas sobre la existencia. Estas preguntas no han podido ser contestadas nunca a pesar de la buena voluntad de los que lo intentan continuamente. Teorías y antiteorías se van abriendo camino en una dirección concreta y parece que se va descubriendo algo, cuando, en realidad, el horizonte del Conocimiento avanza un metro más con cada metro que avanzamos nosotros. Hasta un punto en que hay que replantearse el principio mismo de la discusión filosófica. Tal vez lo que estemos haciendo sea que los ladrillos con los que estamos construyendo el conocimiento humano no hagan más que construir una gran montaña de ladrillos sin forma ni contenido y que todo ello no nos lleve a ninguna parte. No descarto los aciertos puntuales y de baja escala que se están consiguiendo en el estudio del cosmos. La unión de todos ellos en una gran teoría única es lo que no parece que esté dando buenos resultados. Sí es posible que una pequeña parte de la ciencia nos dé conclusiones coherentes sobre un fenómeno y que los resultados sean los esperados. Pero al elevarlo a dimensiones mayores y sacarlo de contexto descubrimos que la distancia más corta entre dos puntos, que siempre era la línea recta y funcionaba, al sacarlo al exterior solamente se cumple cuando los dos puntos están en línea recta. (¡Y a veces no lo están!).

El observador forma parte del fenómeno. No lo he dicho yo. Lo han dicho casi todos antes que yo. Las cuatro patas de la silla de Russell, cuando la perspectiva cambia, pasan a ser solamente dos patas para otro observador colocado un poco más allá. El que ve dos, *sabe* que son cuatro aunque no las vea. Para ello emplea la vista, como el observador que ve cuatro. Pero emplea la memoria y la educación recibida, cosa que el otro observador no necesita emplear. La duda de si la silla tiene dos o cuatro patas se plantea porque hay dos sillas: La vista por un observador y la vista por otro. Aún es peor si encontramos otro observador de espaldas, que no ve la silla y se cuestiona de si existe o no. Y afirmará o negará su existencia al escuchar las observaciones de los dos anteriores. Y dirá que tiene dos o cuatro patas en función de la credibilidad que le supongan ambos, de su afinidad con ellos, de la forma en que se expresen, su capacidad de convicción, su estado de ánimo, la digestión pesada o no que soporta en ese momento, los recuerdos de sus problemas domésticos más inmediatos... (¿Y dónde queda la silla?). La silla parece que haya perdido protagonismo, que no es más que un elemento más en el estudio de un fenómeno. La sicología, la biología, el lenguaje, las relaciones humanas, el conocimiento del yo... y otra larga lista de fenómenos han entrado a formar parte del estudio. Ya no es el simple estudio de una silla. ¿Se puede estudiar una silla?.

Tal vez estemos esforzándonos en fabricar unos anteojos con más y más aumentos cada vez. Desde las primeras lentes hasta los radiotelescopios más avanzados hay una gran distancia. Hemos conseguido añadir un número absoluto de respuestas muy alto en este tiempo, pero el número relativo, el porcentaje, ha disminuido logarítmicamente a la par. El número de interrogantes se multiplica por cada respuesta que encontramos y el abanico se ensancha peligrosamente hasta los límites de nuestra conciencia. Tal vez una novedad en el estudio de los fenómenos que nos rodean, fue en su día el descubrir algo que es invisible pero que se manifiesta por las consecuencias que genera en su entorno, deduciendo así una existencia no apreciada a primera vista. Tal vez deberíamos considerar este método de trabajo más de lo que lo hacemos, observando los resultados de muchas acciones y suponiendo por ellos la existencia de entes invisibles.

Tal vez hemos menospreciado al observador creyéndole hasta el momento solamente una cámara de fotos carente de juicio. Tal vez al analizar la estrella más lejana estemos haciendo una retrospección interior y proyectando nuestro interior lejos de nosotros mismos. Tal vez un texto de mecánica cuántica no sea sino una declaración personal.

Por ello creo que podríamos dejar por un momento los catalejos encima de la mesa, cerrar los ojos, y comenzar un largo viaje por el infinito interior, cuyas dimensiones son mayores que el recipiente que lo acoge. La sorpresa nos la llevaríamos al vernos llegar a conclusiones similares a las del matemático o el astrónomo, rodeados de objetos y de fórmulas. Objetos y fórmulas que son para ellos lo que para el vidente son las cartas o los huesecillos del aborigen echados al azar sobre la tierra: la disculpa para iniciar un apasionante viaje en dirección contraria al infinito, o sea: al infinito.

¿Cómo podemos llegar a conclusiones "per se", cuando el punto de vista del observador no es que dé diferentes puntos de vista del mismo fenómeno sino que "crea" diferentes fenómenos?.

Cuando la mirilla deja de ser un objeto inerte y participa activamente en el suceso porque su curvatura modifica el fenómeno, podría decirse que hemos llegado al final de nuestras pretensiones y que el resto de cualquier digresión es absurda. Tal vez lo sea y tal vez no. Nunca, mientras estemos condicionados por las dimensiones, podremos saber si hemos acertado en nuestras teorías o no. No podemos salir al infinito cósmico a fotografiar el nacimiento de una supernova y volver con el dato contrastado. Lo que sí puede que suceda es que obtengamos respuestas a preguntas que no nos habíamos hecho, al despojarnos de las ataduras mentales del *ancho-alto-largo-cuándo* que nos oprimen.

III-EL PLANTEAMIENTO

Debo suponer que cuando me planteo el análisis de un hecho es porque necesito hacerlo. Entonces debo plantearme antes otro hecho: la necesidad de planteármelo.

(Acabo de hacer una pausa: he salido a despedir a mi mujer, que se marcha al trabajo. Esto hará que lo que iba a escribir a continuación no se escriba jamás. A cambio, se escribirán otras cosas diferentes. El destino acaba de dar un recodo y la historia del mundo, con todo su encadenamiento de circunstancias, se desarrollará de forma diferente a partir de este momento.)

Escribo esto porque necesito hacerlo.
Necesito hacerlo porque necesito expresar una inquietud.
Necesito expresarla por escrito porque necesito que sea pública.
Necesito que sea pública porque necesito que sea escuchada y contrastada.
Necesito que sea contrastada porque necesito afianzarme en mi necesidad o recibir nuevas interpretaciones que la enriquezcan y la hagan prosperar en profundidad.
Necesito mejorar mi apreciación para estar seguro de ir por el buen camino.
Necesito que exista un camino por el que ir porque necesito ir y no sé a dónde.

En realidad, necesitamos una explicación sobre nosotros mismos y por ello, algunos están preocupados por el problema que plantea la creación de un par de quarks que se generan en el choque entre un protón y un antiprotón.
Estos últimos, definidos como científicos, comenzaron un buen día con su primer planteamiento. Su entorno, su educación y algunas circunstancias aleatorias más les hicieron encaminarse en una dirección en vez de analizar la creación del moho del tomate. De

este modo, hay investigadores en biología, en física cuántica, en astronomía, en psicología... y en todas las demás materias, porque todos ellos tuvieron un principio afín: la inquietud.

Es un punto desde el que se proyectan en direcciones diversas una infinidad de disciplinas y subdisciplinas que fabrican un dibujo esférico. La prolongación de sus descubrimientos encadenados va creando cada vez una esfera mayor, al tiempo que se alejan unos de otros. Su único punto en común es el comienzo de sus investigaciones, el momento mágico en que decidieron dar rienda suelta a sus capacidades personales que son a su vez el fruto de una serie de circunstancias en las que se han creado y que les han sido impuestas por la aleatoriedad.

Creo que la investigación del punto común, sin diferenciación de disciplinas es más coherente y puede dar mejores resultados que la parcelación de los conocimientos. No obstante, se da la paradoja gráfica de que, cualquier investigador honesto de una disciplina, al considerar las variables impuestas por el entorno y por él mismo, deberá incorporar sus afectaciones, de forma que se daría el caso de que dos tendencias opuestas de nuestra esfera de conocimientos llegaran a alcanzar un punto común a pesar de ir en direcciones divergentes. Dicho de otro modo: el desarrollo puro de cualquier disciplina llevado a sus últimas consecuencias, debe dar el mismo resultado y llevar a las mismas conclusiones proceda de donde proceda.

Y volvemos al planteamiento. Y a la necesidad de plantearlo. En nuestro modo de ser y pensar se exige que a cada acontecimiento le suceda otro y que entre ambos haya una explicación del fenómeno que los produjo. Como los fenómenos no están esperando a producirse a que yo necesite que se produzcan, se producen por su cuenta y continuamente. Yo observo y noto la evolución. Analizo y descubro los ingredientes que produjeron el cambio. Repito la observación o la genero yo mismo hasta estar seguro de que siempre se repite. Entonces defino el hecho y se convierte en una ley universal. Cuando nazca la próxima generación aceptará esta ley universal sin observarla ni probarla forzosamente y, a partir de ella alcanzarán nuevas experiencias. Pero esta aceptación de la ley sin experimentarla personalmente les privará de la modificación interior que produjo en el primer observador, cuya necesidad de observar formaba parte del experimento y que se ha perdido en los sucesivos experimentadores. Ya no es el mismo fenómeno. Es necesario que cada uno empiece desde su propio principio y repita los pasos ya dados para que la prueba sea válida. Lo que implica no salir nunca del comienzo. Y volvemos al comienzo.

IV-LOS MEDIOS

Contamos con un laboratorio. Cada uno el nuestro. Nuestro laboratorio, en principio, somos nosotros mismos. Está constituido de herramientas diversas y desordenadas. La primera vez que somos conscientes de ello y echamos un vistazo, observamos un montón de objetos incoherentes. Unos nos son propios de nacimiento y otros no son reconocidos de forma inmediata. Hay herramientas que forman parte intrínseca de nuestro propio yo, que son nosotros mismos, inseparables de nosotros y que nos definen para siempre. Hay otras que han sido adquiridas a lo largo de un período en el que no teníamos capacidad de discriminar ni analizar. Mientras nuestro cerebro era inocente y carecía de criterio, fueron depositándose por manos ajenas una sucesión de definiciones que se mezclan como herramientas válidas en nuestro laboratorio. Es decir: nuestras herramientas se dividen en propias y adquiridas. Incluso las que consideramos propias vienen condicionadas por la genética y la epigenética. Tenemos que ir, herramienta por herramienta, discerniendo el origen de la misma, de si nos pertenece o si es adquirida o impuesta desde fuera por quienes tienen otra apreciación de las cosas.

De este modo, deberemos colocar cuidadosamente en una estantería rotulada como "YO", las que son inherentes a nosotros mismos. Las otras habrán de irse analizando concienzudamente, una a una. Porque no se trata de tirarlas sin más. Analizadas y reproducidas por nosotros, darán lugar a una selección, ya que unas serán admitidas y asimiladas por nosotros mismos y pasarán a formar parte de nosotros mismos en la misma estantería del "YO" y otras deberán ser depositadas en el cubo de la basura. No quiero decir que sean malas: unas serán válidas para quien, honradamente, las depositó en su día en nuestros conocimientos en la creencia de que eran válidas para todos y otras habrán sido depositadas con intenciones nada loables, para producir una deformación de nuestros experimentos.

El resultado de esta limpieza puede durar años. Puede durar toda la vida. Puede que sean necesarias varias vidas para lograrlo o puede que se consiga en un segundo de lucidez. La diferencia estriba en la disposición personal de cada uno. Lo que parece seguro es que no hay una ley universal ni un determinismo nefasto en todo esto. Parece ser que todos tenemos la capacidad de conseguirlo en un solo segundo. Aquí se plantea el enunciado de que todo lo que somos capaces de plantear es que somos capaces de resolver.

Una observación primitiva de las leyes de la naturaleza, que son una de las herramientas de las que podemos hacer uso, nos enseña que la selección natural proporciona a los seres vivos la capacidad de apreciar las cosas que nos pueden afectar. Las ranas ven con claridad a las moscas que pasan a una cierta velocidad por delante de ellas, pero si variamos la velocidad más allá de las posibilidades de un insecto comestible, no las verán. Los murciélagos oyen frecuencias de audio superiores a las que oímos nosotros. Y las emplean para no chocarse con los objetos, pero, posiblemente, ante una composición musical no reaccionarán de forma aparente mientras que a mí sí me provoca reacciones. Nosotros no volamos, tenemos los ojos suficientemente desarrollados como para no necesitar los ultrasonidos, así que no los oímos. Todo lo que necesitamos oír lo oímos y lo que necesitamos ver lo vemos. Y para alimentarnos y sobrevivir tampoco necesitamos ver el infrarrojo ni los agujeros negros, pero están ahí. De lo que podríamos deducir otro enunciado: solo apreciamos lo que nos es útil.

Este enunciado plantea un dilema: ¿Para qué necesitamos ver las estrellas? Yo tuve un perro al que llamaba Yuppi. Era un galgo inglés con grandes inquietudes. Vivía conmigo en una parcela cerrada de 1.200 m. cuadrados. Frecuentemente le sorprendí mirando fijamente hacia lo lejos, con el pelo erizado y en atención tensa mientras emitía un gruñido sordo. Yo tenía que recurrir a unos prismáticos para deducir que lo que había visto era a otro perro a más de dos kilómetros de distancia, apenas un punto negro confundido entre las zarzas. Y tuve otro perro, un cocker spaniel que se llamaba Viruta cuyos intereses no pasaban de un pájaro a unos veinte metros. Si soltaba a ambos, Yuppi se colocaba en dos zancadas a los dos kilómetros de distancia y Viruta no salía del entorno cercano. Cada uno tenía desarrollados sus sentidos en la proporción adecuada para satisfacer sus necesidades. Y esa evolución, producida selectivamente desde millones de años atrás, había acabado por ser, ante todo, práctica.

Al mirarme a mí mismo, he podido hacer una interminable lista de apreciaciones que poseo sin que, aparentemente, me sean de ninguna utilidad. En la práctica, yo no necesito ver las estrellas de la misma forma que no me son necesarios los ultrasonidos. Y, llegado a este punto, he empezado a considerarme un intruso en la naturaleza. Está claro que, dentro del reino animal, algo fundamental me diferencia del resto. Biológicamente, el parecido con diversas especies es tal que tiendo a creerme un miembro más de la naturaleza. Pero las reflexiones anteriores me indican que una cosa es la biología y otra el pensamiento.

Aquí se plantean dos hipótesis: Puede que sí necesite ver las estrellas para mi supervivencia o puede que les haya necesitado anteriormente y que aún no ha habido tiempo para su atrofia.
La primera de ellas puede indicar que la evolución del hombre esté dirigida hacia una superación de la naturaleza terrestre, con su explotación y aniquilación, como si la situación actual no fuera más que una etapa dentro de un propósito mucho más ambicioso desde el punto de vista colectivo. Sería como si la humanidad

fuera un solo ente en el que no cuentan las individualidades y se propone alcanzar unos resultados mucho más ambiciosos con un fin último inalcanzable para mi mente actual, ya que la consecución de ese fin podría llevar miles y miles de generaciones naciendo y muriendo constantemente. Y el fin lo conseguirían los últimos, a expensas de todos los anteriores, lo que me produce un rechazo visceral por lo injusto. Dejaremos esta reflexión para los creyentes en la reencarnación.

La segunda hipótesis propone unos antecedentes cósmicos para el ser humano, lo que sería aplaudido por un gran número de sectas y religiones actuales que defienden el origen del hombre más allá de las estrellas.

Uno de los medios más utilizados en la investigación del universo son las matemáticas. Así pues, tenemos cifras para todo. Sabemos lo que mide la velocidad del sonido y la de la luz. Nos hemos fabricado macroconceptos como el año luz para tratar de asimilar cifras que quedan algo grandes para nuestra capacidad. Y, barajando esas cifras llegamos a cálculos detallados sobre cosas que aún no hemos podido ver pero que tienen que estar ahí. Hay que reconocer que gracias al sistema métrico podemos obtener conclusiones precisas que funcionan (valga la redundancia), matemáticamente.

El concepto "pi", resume en un solo carácter el misterio de lo infinito y sirve para abreviar cuando hablamos de una división constante que proporciona un número que nunca se repite y que es el resultado de una operación matemática aplicada a cualquier circunferencia. Sin embargo, el sistema métrico es un convencionalismo universal artificial. Los seres humanos podríamos haber utilizado otros muchos métodos matemáticos, no solo éste. Probablemente nos harían llegar a las mismas conclusiones pero adolecen de un defecto endémico. El concepto "pi", como el concepto "infinito", es el resultado de una abstracción personal que proporciona, o debe proporcionar una sensación. Si nos despojamos de las matemáticas, de la cultura recibida y nos quedamos solamente como observadores de las sensaciones que percibimos, no podremos comunicar a los que nos rodean lo que estamos descubriendo, pero alcanzaríamos cotas del saber muy superiores.

Para comprender algo hay que analizarlo con la menor contaminación posible de elementos extraños, entre los que el propio observador es uno de ellos como dije antes. Prescindir del observador es una paradoja sin sentido, pero no lo es el prescindir de todo lo demás. El cosmos está fabricado de la misma materia que mi mano o del vaso en que bebo. Explorar el universo a altísimos costes es igual que observar mi mano, porque en ella se encierran todas las respuestas que se supone que vamos a encontrar en un pedrusco de hielo que surca el universo a velocidades inimaginables. Pero hay que saber observar. Para ello, lo primero que hay que hacer es eliminar lo que sobra. Suprimir lo que contamina, quitar, en definitiva, es el camino más corto para hallar el Conocimiento, ya que éste es la manera más pura de la existencia y está patente en todas partes. Si no se tiene es porque está oculto detrás de los "conocimientos" menores que hemos colocado nosotros. En contra de lo que propone la civilización occidental, el verdadero Conocimiento sólo se obtiene después de olvidar.

V- LA OBSERVACIÓN

Hemos aprendido a considerar lo que nos rodea como elementos independientes interactuando entre sí. Hemos aprendido a ver estrellas en el firmamento y las tenemos casi contadas. Cada objeto tiene una definición propia y es un ente en sí mismo del que podemos hablar. Pero hay entes que están sin estar.

Si yo coloco un lápiz sobre la mesa tengo un objeto. Si lo quito y coloco una pluma, tengo un segundo objeto: puedo contar dos objetos, uno antes y otro después. Pero si coloco la pluma al lado del lápiz, sin quitar éste, tendré tres objetos simultáneamente y no dos: el lápiz, la pluma y el espacio comprendido entre ambos. Puedo hablar del uno y de la otra como antes, definirlos y analizarlos en sí mismos, con las mismas cualidades en ambas circunstancias. Pero en el segundo caso puedo hablar de lo que les separa, de la distancia entre ambos, de la atracción-repulsión de sus átomos en función de su masa atómica y de los centímetros interpuestos. Puedo hablar del Espacio.

El Espacio es algo que no puedo ver pero sí sentir. Si el universo fuera una sola estrella, el universo sería una estrella. Pero dos estrellas acaparan un espacio entre ambas que puedo considerar, en el que puedo desplazarme, que existe y tiene entidad en sí mismo. Si viajamos de estrella en estrella y llegamos a la última, podríamos decir que hemos llegado al final del universo, pero en el momento que continuemos nuestro viaje más allá de esa última estrella, nosotros mismos, el Observador, estará creando universo al dejar tras de sí un espacio entre la última estrella y él mismo. Y llegaremos a la conclusión de que un espacio finito puede ser infinito gracias al propio observador, con lo que la contaminación del experimento por el experimentador es constante. No podemos, en definitiva, dejar de ser nosotros mismos, dejar de existir para poder analizar honestamente la existencia de cualquier cosa. Eso implica que todas las cosas que podemos apreciar son de alguna forma, nosotros mismos, o que ambos, las cosas y nosotros formamos una asociación imposible de romper. Habría que dejar de existir para poder analizar a la existencia.

Entre la última estrella del cosmos y yo existe una interrelación. El uno sin la otra no pueden crear universo. Somos equilibradamente importantes. Es tan importante llegar al conocimiento de la estrella como llegar a mi propio conocimiento. La ventaja práctica de dedicar mi vida a mi propio conocimiento y no al de la estrella es la facilidad que tengo de hacer lo primero y no lo segundo. Y sé que cuando llegue al conocimiento de mi propia existencia, simultáneamente conoceré a la estrella.

Recientemente he oído que la comunidad científica acepta el concepto "materia oscura", para definir el espacio que antes creíamos vacío. He sonreído al oír algo que ya sabía, como sabía que se iba a descubrir agua en el universo cercano, extremo que se había puesto en duda anteriormente. Son dos descubrimientos evidentes. Dar saltos de alegría al detectar en un fragmento de cometa una minúscula parte de agua me parece excesivo. Si yo estuviera escribiendo esto hace doscientos años, la diferencia de descubrimientos me haría parecer casi subnormal. Leemos los logros de la ciencia de hace unas décadas y nos parecen obvios. Analizamos con supremacía sus errores y nos parecen imposibles. Lo mismo dirán de nosotros dentro de unos años.

Si yo estoy en un estadio con diez mil personas más y, con unos prismáticos localizo a un amigo en las gradas de enfrente, me parece normal, aunque hace unos años se me hubiera quemado en la hoguera. Pero si cojo mi teléfono móvil y le llamo, y veo cómo él y solo él recibe mi llamada entre los miles de espectadores, tengo que pensar que la existencia es algo más que mis ojos y mi voz.

Ante una necesidad, hemos creado una técnica que la satisface. Pensemos por un momento al revés: ante un conocimiento ya existente en nosotros mismos desde siempre y que nos crea una inquietud, hemos dado los pasos necesarios para practicarlo. Puede ser que todo lo que puedo imaginar sea posible.

Pero las vacas no vuelan, y puedo imaginarlo. Y me temo que no volarán nunca por mucho que lo imagine. Analice cuidadosamente una imaginación y otra. Analice lo que siente con imaginaciones diversas. Unas le harán sonreír con malicia y otras le harán fruncir el entrecejo. Usted no siente lo mismo ante una imaginación imposible y otra posible. Hay imaginaciones que no nos creemos y otras que sí. Imaginar no es inventar locuras que no nos creemos. Vale solo aquello que imaginamos y nos creemos. Y entre ambas situaciones hay una sutil línea que forma parte del Conocimiento.

Hagamos limpieza en nuestro laboratorio. Quitemos los matraces, los mecheros y las probetas. También las mesas y las sillas. Y las ventanas, y el suelo, y las paredes. Quitemos el laboratorio en sí. Apaguemos la luz y penetremos en una sombra profunda en la que no nos podamos ver ni las manos a medio metro de distancia. Cerremos los ojos del conocimiento aprendido y dejemos la mente en blanco. Entonces y solo entonces tendremos los medios para poder empezar a trabajar en nuestro laboratorio.

VI-EL TIEMPO

Lo hemos creado nosotros: nos era imprescindible para entender todo lo demás. Una vez admitido mi cuerpo, mi peso, la gravedad y mi entorno, sin tiempo no tenía sentido. Así que lo hemos partido en pedacitos y hemos puesto una aguja en nuestra muñeca que coincide con la de los demás. Y, a partir de ahí, hemos empezado a construir una ciencia basada en él. Nos hemos olvidado que las vueltas que la tierra da alrededor del sol no son importantes en el contexto general. Hemos olvidado que la radiación del hidrógeno no es más que una pequeña situación más del universo. Pero, aún así, hemos tomado estas referencias como punto de partida de todas las demás observaciones. Luego, y con esta base "sólida" para nosotros e indiscutible, hemos empezado a ver cómo encajaban unas cosas en otras. Cuando hemos avanzado algo más allá de nuestras fronteras terrestres, este cómputo ha quedado pequeño y muchas cosas han empezado a no funcionar. Mientras estuvimos dentro de nuestra pequeña caja, donde un mundo físico era coherente y funcionaba bien, nuestras teorías se han ido desarrollando coherentemente. Pero al asomarnos al borde de la caja, allí donde el tiempo no existe, hasta la elemental ley de la palanca se ha roto.

Entre mi yo físico de ayer y el de hoy ha habido una variación biológica que llamamos envejecimiento. Lo mismo le ha sucedido a la piedra sobre la que estoy sentado. Pero la constitución atómica de ambos hace que nuestras variaciones tengan una gran diferencia. Cuando la piedra sienta que ha envejecido lo mismo que yo siento haber envejecido en un día mío, cuando la piedra sienta que ha transcurrido un día, para mí habrán transcurrido siglos y ya no existiré, al menos de esta forma actual. La piedra no llegará a verme nunca porque para ella no seré siquiera un leve golpe de viento instantáneo en su existencia. Y la relatividad de ambas apreciaciones me lleva a creer que mi tiempo y el de la piedra son distintos.

Eso no está tan lejos de la teoría de la relatividad, lo que pasa es que yo no he necesitado de las matemáticas ni de la física para saberlo. Hoy sabemos que dos gemelos, uno sentado en su casa y otro en una nave a la mitad de la velocidad de la luz tienen tiempos distintos. Descubrirlo le ha llevado a la humanidad millones de años, aunque probablemente ya lo sabían los seres humanos desde el principio. Ahora le hemos dado forma y nombre, solamente.

Existo porque evoluciono, porque me degrado biológicamente, porque existe un reloj en mi muñeca. Si el tiempo se detuviese, yo dejaría de existir tal como me conozco. Mis células de hoy estarían exactamente igual que las de ayer, mi corazón estaría parado porque entre cada pulsación y pulsación no habría nada que contar. Nada existe sin el tiempo. Al menos nada de lo que yo pueda hablar coherentemente. Pero si prescindo de todo el laboratorio y en ello incluyo mi propio organismo, puede que me quede el pensamiento y con él, tal vez lo que llamamos el sentimiento, las sensaciones, la razón... que son todo palabras que parcelan en un intento testarudo de comprender lo que llamaríamos con una sola: El Conocimiento.

Puedo concebir un estado diferente. Difícilmente puedo hablar de él porque nuestro lenguaje está basado en conceptos tales como "antes" y "después", y, sin lenguaje, difícilmente puedo seguir escribiendo. Pero puedo intentarlo. Si elimino todo aquello que depende del tiempo y queda solo de mí mi Conocimiento, podría tal vez percibir del exterior otro estado vital diferente. De la misma forma que los infrarrojos y los ultravioletas se pasean a mi alrededor, o los ultrasonidos atraviesan mis tímpanos sin que yo me entere, o las partículas atómicas me golpean sin yo sentirlo y, sin embargo, existen en mi mundo tridimensional, de tal forma que mis cortos sentidos impiden que disfrute de paisajes imposibles que me rodean, tal vez consiguiera apreciar otros fenómenos. Si pudiera ver u oír todo lo que existe, mi forma de pensar cambiaría radicalmente. Me estoy perdiendo atardeceres cósmicos increíbles solamente porque mis sentidos han decidido que no son imprescindibles para mi supervivencia humana. Pienso como pienso porque no puedo volar y mi mundo diario solo tiene dos dimensiones. Pero cuando me monto por primera vez en un avión y veo la tercera dimensión, y veo las diferentes dimensiones de las cosas que ayer veía desde el suelo, tengo otra forma de pensar y de sentir sobre las cosas que me rodean. Las cosas son las mismas pero yo no. Desde el momento que poseo una nueva capacidad, el infinito número de comparaciones que mi cerebro es capaz de hacer, se multiplica ante un elemento más. La existencia exterior no ha cambiado, yo sí. Y seré más capaz de comprender globalmente las cosas al verlas desde arriba.

Si, del mismo modo, fuera capaz de prescindir del tiempo y pudiera leer una novela en un instante, de golpe, al mismo tiempo la primera y la última página, la comprensión global de la narración sería más precisa. No habría pausas en medio cargadas de elementos ajenos que distorsionarían la historia y yo sería el mismo en el momento de empezar y terminar la lectura. Si miro el tráfico de una ciudad desde el cielo y lo veo a la velocidad normal no aprecio lo mismo que cuando se acelera cien veces: entonces las calles se convierten en vasos sanguíneos y los coches en glóbulos rojos, la disciplina y la coherencia de la circulación prevalecen sobre el detalle individual. Si yo pudiera ver el nacimiento del universo y el final desde un mismo instante, la visión del mismo adquiriría una coherencia diferente.

Mi subconsciente sabe todo esto y hace llamamientos continuos a mi conciencia en forma de inquietud. Me está soplando al oído incansablemente la sensación real del nacimiento del sol. Yo, contaminado por mis propias reflexiones, trato de satisfacer la inquietud por caminos equivocados, llenando el laboratorio de más y más elementos inútiles que plantean sus propios problemas dispersadores. Pero lo cierto es que dentro de mí se encuentra la respuesta a cada una de las inquietudes o de las preguntas creadas. Las respuestas solo dependen de si yo seré o no capaz de soportarlas, de mi preparación. Mi consciente es dimensional y necesita creer en las dimensiones para existir. Negárselas es eliminarlo y se aferra a la vida biológica con todas sus fuerzas. Pero de vez en cuando se filtra de mi Conocimiento interior un soplo que hace temblar las convicciones.

He recreado en mi mente intemporal un paisaje diferente. Un paisaje sin tiempo en el que todo es simultáneo. Al carecer de espacio también y por fuerza, he empleado la palabra humana "estado" para definirlo. He creado un estado sin tiempo ni medida. Al desaparecer el tiempo, que es la distancia mínima existente entre dos fenómenos diferentes, ha desaparecido el movimiento y el espacio y, lo que es mejor, la necesidad y la conciencia de ellos. Es un estado-sitio en el que lo que no existe no se echa de menos como algo que existió y que ahora se ha perdido. Porque sigue existiendo solo que comprimido en un instante sin tiempo en el que se tiene todo lo que da el tiempo existente poco a poco pero de un solo golpe. Igual que cuando satisfacemos la sed con un vaso de agua no se echa de menos cada uno de los sorbos que hemos dado para conseguirlo.

El tiempo es casi como la creación de un castigo, en el que lo auténtico y necesario se nos da a cuentagotas para fastidiar. Es aplacar la sed con un vaso de agua bebido a sorbos a lo largo de un largo día. Y entre sorbo y sorbo surge el tiempo, el inacabable tiempo, generador de angustias e insatisfacciones que da la sed, del mismo modo que entre la pluma y el lápiz se ha creado un espacio dependiente de ambos.

En mi estado, al comprimir el tiempo en un solo instante sin tiempo, todas las cosas suceden simultáneamente y la apreciación que de los sucesos que se tiene es íntegra, ya que los sucesos se convierten en hechos instantáneos con razón propia. Cada cosa que ahora entendemos independiente de otra pasa a ser parte relacionada con todas creando una sola cosa en un solo instante, con una sola intención perfectamente pretendida. De este modo existe un solo hecho que sucede *siempre,* sin que por ello sea repetido.

Mientras nuestras condiciones personales no puedan desligarse del concepto del tiempo, estaremos limitados a que nuestras observaciones se mantengan encerradas y acrisoladas dentro de una mecánica que sí responde al factor tiempo como ingrediente indispensable. Dentro de ese ámbito, nuestras ciencias coincidirán entre sí y nuestras elucubraciones de laboratorio se convertirán en resultados reales que confirmarán nuestras teorías. Lo malo es cuando algo dentro de nosotros mismos nos tiente a creer que hay algo más allá del tiempo y empecemos a investigar.

El tiempo es un parámetro tan condicionado a nosotros mismos que haríamos bien en arroparnos con una capa de humildad y poner así en entredicho todo lo que sabemos o creemos saber. Si el espacio es capaz de curvarse por la fuerza de la gravedad y con él se curva el tiempo, el concepto de esfera sin que fuera de ella exista nada, es posible.

Pero tenemos que hacer un esfuerzo de imaginación. Si somos capaces de crear en nosotros mismos durante un instante una abstracción honesta y comprendemos un universo curvo en el que

el tiempo y el espacio se cierran sobre sí mismos hasta que conseguimos ver una esfera perfecta que contiene todo lo que pueda existir, no podemos, de pronto, abrir los ojos, perder la abstracción y modificar nuestro punto de vista para plantear *"Qué habrá fuera de la esfera"*, porque esta petición está hecha, en realidad, por otro observador que está en otro punto diferente. Las preguntas y las respuestas tienen que pertenecer forzosamente al mismo plano, del mismo modo que un acto punible socialmente en un país puede no ser bien visto en otro: no es legítimo trasladar a un estado solamente una parte de otro y mezclarlas presuponiendo que se van a obtener resultados.

Es el momento de plantearse si las grandes incógnitas del ser humano existen o no. Ya sabemos que hay una docena de preguntas que el hombre se ha hecho siempre y que trata de contestar en cada generación aprovechando los nuevos avances que se han producido. Pero estas preguntas que aparentemente se contestan a veces, dan lugar a preguntas más profundas que las sustituyen. Es un juego injusto e ilegítimo en el que cabría pensar que nos entretenemos y nada más.

Lo que cuestiono es si la pregunta está bien hecha. No se puede, desde un punto de vista racional o emocional, plantear si el comienzo del universo es un caso singular que hay que contestar con conceptos cuánticos para, al instante siguiente aceptar las leyes de la gravedad. No es legítimo empeñarse en encontrar una respuesta utilizando cualquier artilugio que tengamos a mano, el que más convenga en cada momento. La pregunta se ha generado, desde siempre, desde un punto de vista concreto y desde éste debe contestarse.

¿Y cual es ese punto concreto?
La respuesta fácil es contestar que es el punto de vista de la inteligencia humana con los conocimientos que la historia le ha

conferido. Y no es correcto. Es correcto que un ser humano se cuestione de si un vehículo es sobrevirador o sotovirador porque ese objeto se mueve dentro de unas leyes físicas que no pienso cuestionar porque encajan y funcionan perfectamente entre sí. Y estas también dan lugar a preguntas nuevas que sí se contestan y que hacen progresar al ser humano dentro de la técnica y la ciencia. He leído mucho sobre experiencias personales que son inexplicables dentro de estas materias. La confianza y la creencia en su veracidad deja mucho que desear: sé de sobra las ganas que tenemos de engañarnos a nosotros mismos para creer que hemos satisfecho nuestras preguntas y los problemas personales que nos hacen derrapar continuamente entre la autoestima .... Hasta que un día yo, personalmente, soñé la combinación de catorce variables de un juego... y se cumplió. Desgraciadamente no eché el boleto, pero el premio es que ahora sé, positivamente y sin necesidad de creer a otros, que el tiempo es una elucubración personal que nos interesa mantener o que no tenemos más remedio que mantener para mantener así las dimensiones. El punto concreto no existe. Al menos el punto común que pensamos yo que escribo y usted que lee. Si deja de leer, entonces sí existe: el mío aquí y el suyo allí. ¿Es uno solo? ¿Podemos empezar de una vez a pensar? En conciencia creo que, juntos, no.

VII-Y, ¿PORQUÉ?

El título del capítulo en sí es un absurdo. No podemos despegarnos del racionalismo y tratar de buscar una relación causa-efecto sobre las cosas. Pero la pregunta está hecha y es legítimo intentar contestarla en este juego ilegal entre el reconocimiento de la existencia del tiempo unas veces sí o otras no. En nuestro ahora existen los porqués siempre que no hayamos admitido la existencia del estado. Y si admitimos la existencia del estado dejan de existir las razones que nos llevan a los porqués.

He trazado un dibujo. Es un torpe dibujo porque él solo no puede representar la verdad de la respuesta. Pero es una imagen lo más aproximada a lo que siento cuando se trata de quitar de en medio el lenguaje ralo de nuestro mundo dimensional. (**Fig.1**)

Este esquema pretende que E0-E2 es una trayectoria a lo largo de una evolución. Pero hay que esforzarse en comprender que no está sujeta al tiempo. Para nosotros, todo cambio requiere un tiempo, toda alteración de un estado a otro sucede solamente si hay un intervalo entre dos acontecimientos. Esta línea reflejaría la evolución en un mismo instante sin que exista el tiempo como condición. Esta evolución puede ser interrumpida en un estado dado (no en un tiempo dado), por ejemplo E1 y crear a partir de la no existencia del tiempo, dos formas opuestas de energía, de evolución, que necesitan espacio y tiempo para manifestarse. A partir de ese punto y a lo largo del recorrido T1, T2, ...TN, el tiempo sería una componente más, un mundo de materia y de sucesos encadenados: nuestro tiempo. Del mismo modo que dos partículas de materia y antimateria unidas se convierten en NADA, un concepto de NADA puede dividirse en dos partículas opuestas con dimensión y tiempo, o sea, en materia y energía. La circunferencia representa una progresión en el tiempo. Al mismo tiempo que avanza y pueden observarse resultados derivados de la comparación entre dos fenómenos, se vuelve sobre sí misma hasta retornar a E1 de donde partió. En ese momento reinicia la trayectoria hacia E2. El momento es el mismo tanto al inicio como al final del trayecto T. T es válido durante el recorrido circular pero deja de existir al volver al principio. La única diferencia es que un estado antes de llegar a E1 y un estado después de traspasarlo, la evolución circular ha modificado la *calidad* de ese estado y le ha dado un impulso centrífugo importante que le ayuda a desplazarse hacia E2. Esta operación puede repetirse un número indeterminado de veces (**Fig.2**) y podría representarse por sucesivas circunferencias a lo largo de la recta E.

Esta sería la forma gráfica representativa de la reencarnación y los diferentes diámetros de las circunferencias podrían representar el tiempo diferente de vida de cada una de las vidas.

Si dibujáramos círculos en la parte de arriba o si consideramos la línea recta flotando, con la capacidad de asociarse a círculos en todas sus dimensiones (**Fig.3**), tendríamos una representación perfecta del tiempo, del estado y de los diferentes tiempos simultáneos que pueden estar existiendo y que son imposibles de mezclarse ni conocerse entre sí. Añadamos, como último toque, que el diámetro de las circunferencias es arbitrario y es un concepto exclusivo de cada una de ellas. Así, por ejemplo, podríamos representar una circunferencia enorme para la vida de una tortuga y otra muy pequeña para la vida de una mariposa. Esto serviría para poder hacer gráfica la comparación de ambos tiempos vistos desde la perspectiva de un observador ajeno, pero en valores absolutos, tanto la tortuga como la mariposa tendrían la sensación de haber vivido el mismo tiempo, exactamente, una vida. Y ambas observaciones serían verdaderas por sí mismas aunque contradictorias en su relación. Es la paradoja del observador.

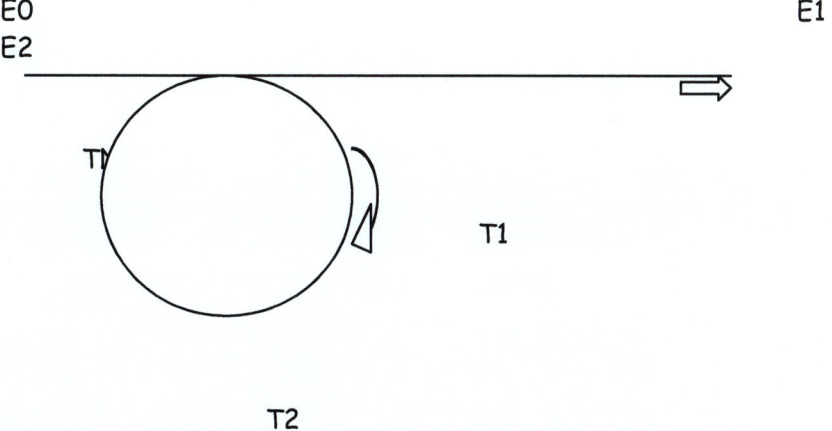

Fig. 1

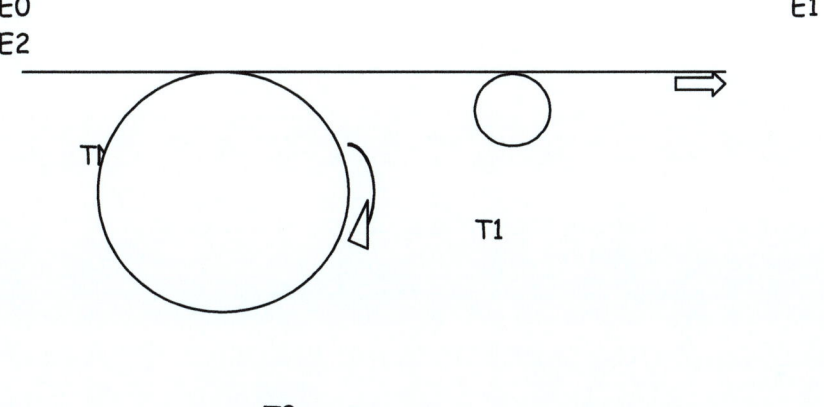

Fig.2

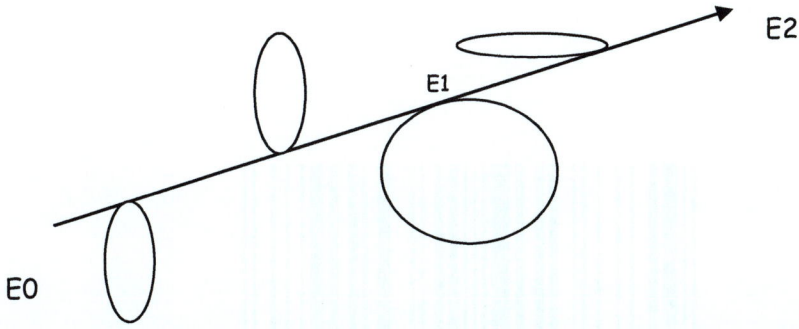

Fig. 3

No se permite la reproducción total o parcial de esta obra, ni su incorporación a un sistema informático, ni su transmisión en cualquier forma o por cualquier medio (electrónico, mecánico, fotocopia, grabación u otros) sin autorización previa y por escrito de los titulares del copyright. La infracción de dichos derechos puede constituir un delito contra la propiedad intelectual.

© Carlos Rodríguez Magallón, 2023

Impresión y editorial: BoD – Books on Demand
info@bod.com.es - www.bod.com.es
Impreso en Alemania – Printed in Germany
ISBN: 9788413260198